Für dich
meine Liebe

# Hast du Lust?

Minnepoesie
aus dem
21. Jahrhundert

*Giovanni Vandani*

Bibliografische Information der Deutschen Nationalbibliothek:
Die Deutsche Nationalbibliothek verzeichnet diese Publikation in der
Deutschen Nationalbibliografie; detaillierte bibliografische Daten sind
im Internet über http://dnb.dnb.de abrufbar.

© 2021 Giovanni Vandani
www.giovannivandani.com

Herstellung & Verlag:
BoD - Books on Demand, Norderstedt

ISBN: 978-3-7543-5171-0


Umschlaggestaltung & Illustration: Giovanni Vandani

# Morgengrauen

Mir graut
vor solchen Morgen
Ich kann und will
mich nicht erheben

Mit meinen Armen
meinen Beinen
umschlinge ich
den kalten Polster
neben mir

Waidwund
wie ein Hirsch
seufze ich
und stöhne
meine Sehnsucht
mein Begehren
in den grauen Morgen

Dein Pfeil
Diana
hat mich getroffen
in der Lende
bringt mir nicht Leben
noch den Tod

Nur langsam
weicht das Gift
kühlt die Glut
und ich stehe auf
in einen neuen
grauen Tag

# Hast du Lust?

Hast du Lust?
Dann zeig sie mir
Lass fahren
was dich hemmt
lass mich riechen
dein Begehren
führ meine Hand
dorthin
wo es dir brennt

an dein Herz
an deinen Mund
in deinen Schoß
ich möchte stillen
dein Verlangen
sei es
noch so heimlich
sei es
noch so groß

Vergiss dich
stürze dich auf mich
ich will mich gern
ergeben
nimm dir
soviel du willst
ich werde es
mit Freuden
überleben

Du kannst
so leidenschaftlich sein
in deinem Zorn
doch hemmungslos vor Lust
sah ich dich nie

Was geht dir denn
dabei verlorn
wenn du dich hingibst
deiner Lust
und ihrer himmlischen Magie?

Betrinke dich
berausche dich
an deiner
und an meiner Lust
besaufe dich
bis zur Bewusst-
losigkeit – und dann?

Lach über dich
und freu dich dran
wie närrisch
und verrückt
man
vor lauter Liebe
werden kann

# Vulkan

Ich bin
sehr nahe
am Vulkan gebaut
an einem Feuer
das im Innern kocht
wer auf mich
nur von außen schaut
ahnt nicht
wie es da drinnen
pulst und pocht

Was nach außen
hart und trocken wirkt
ist porös
Vulkangestein
das Feuer
das sich drin verbirgt
kann heiß
und leidenschaftlich sein

Du weißt
wie schnell
es mich entflammt
ein Funke reicht
ich brenne
- aber wie!
Ein Blick genügt
ein leichtes Streifen
deiner Hand
den Rest
ergänzt
die Fantasie

Du siehst auch
wie mich dieses Glühen
zu dir drängt
bis der Vulkan
dann birst
und überquillt
sein Feuer
brodelnd
sich dem Meer
vermengt
ein Zischen
und ein Kochen
bis des Meeres Wogen
seine Glut gestillt

Dann schläft er wieder
eine kurze Zeit
doch man weiß nie
wann die Lava
neu sich rührt
und lauert
auf die günstige Gelegenheit
die dann
zu einem neuen
Ausbruch führt

## Zwei Minuten

Du ziehst dich aus
und schwebst
an mir vorbei
der Dusche zu
ganz unabsichtlich
streifst du
meine Hand
dahin
ist meine Ruh

Ich schau
dir nach
ich sehe alles
und schaue doch
an dir vorbei
denn in Gedanken
steig ich ein
und wäre gerne
live
dabei

Dein Kopf
ist wohl schon
bei der Arbeit
ich weiß
du hast nicht Zeit
kein
„Komm herein
und seif mich ein"
und doch
wär ich dazu
und noch zu mehr
nur allzu sehr
bereit

Ich hör
das Wasser rauschen
wie durch einen
Nebelschleier
seh ich dich
ich dreh mich weg
es rauscht
mein Blut
Welle um Welle
kommt über mich

Nach zwei Minuten
bist du fertig
hüllst dich ins Tuch
und bist passè
du hast wohl
nicht einmal gesehen
wie steif
und wie versteinert
ich da
vor der Dusche steh

So steh ich da
und sinne nach
das ging heut alles
viel zu schnell
für dieses Tempo
brauch ich Übung
und beginne damit
auf der Stell

Jetzt stehe ich
unter der Dusche
es prasselt Wasser
rauscht mein Blut
ich werde schnell
und immer schneller
ich hab nicht
auf die Uhr gesehen
doch ich denk
die Zeit
war gut

Das nächste Mal
wird dann bestimmt
ein Hammer
da folge ich
meiner Natur
und steige einfach ein
zu dir
in diese Kammer
und sei es auch
für zwei Minuten
nur

# Achterbahn

Ich hoffe
von Nacht zu Nacht
von Morgen zu Morgen

Meist ist mein Hoffen
vergeblich

Stundenlang liege ich wach
lausche auf jede Regung von dir
Schläfst du nur so unruhig
oder bist auch du wach?

Ich höre dich gehen
du kommst nicht zurück

Ich schlinge meine Beine
um deine leere Decke
sie ist noch warm
und duftet nach dir

Ich presse
mein heißes Begehren
in die weichen
leeren Falten

Den Fleck mach ich nicht weg
Vielleicht kommt am Abend
wenn du dich damit deckst
etwas von meiner Liebe
auf dich

Es ist eine
Achterbahnfahrt
der Spagat
zwischen meinem Begehren
und der Rücksicht
auf dein Befinden

# Reiselust

Ich bereise gerne
mystische Länder
und liebe das Wandern
auf lichten Höh'n
und sehe im Tal
die geschwungenen Bänder
die sich ins wogende
Meer hinab ziehn

Ich liebe die sanft
geschwungenen Hügel
die Kuppe
die aus der Senke sich hebt
mein Herz ist entzückt
meine Seele hat Flügel
wenn ein einsamer Baum
dort himmelwärts strebt

Und je nachdem
wie die Schritte ich lenke
will es mir scheinen
der Baum wandert auch
steht über dem Hügel
versinkt in der Senke
und taucht kurzerhand
irgendwo wieder auf

Und kann ich doch auch
nicht immer verreisen
so leg ich mich einfach
leise zu dir

und decke dich auf
deine Hügel und Schneisen
und sehe die Landschaft
der Träume
vor mir

Und wandere über die Hügel
und schweife hinunter ins Tal
durchstreife die Furchen
Falten und Senken
und frage mich
ein um das andere Mal
wohin ich zuerst
meine Schritte sollt' lenken

Und der einsame Baum
taucht plötzlich auf
und wird mir beim Wandern
zum steten Begleiter
steht zwischen den Hügeln
verschwindet
und taucht wieder auf
versinkt im Tal
und immer so weiter

Wie beim Reisen
so ist es mir auch
bei dir nicht egal
ob ich vom Parkplatz
die Schönheit der Landschaft seh
ob ich nur wenige Schritte
am Rande spazier
oder keuchend und schwitzend
wieder ersteh

nachdem ich die Hügel
und Furchen durchstreift
nachdem ich mich an
frischer Quelle gelabt
nachdem ich gestärkt
vom Obst
das mir reift
den leuchtenden Gipfel
erklommen hab

Erst im Wandern
wird Reisen
zur wahren Lust
da bin ich eins
mit der Landschaft
und mir
da schwillt nicht nur
mein Herz in der Brust
So geht es mir auch
bei der Reise
mit dir

Und so wird
durch meine Reiselust schier
- und ich brauch dafür
keinerlei Agentur –
diese herrliche Reise
zur Lustreise mir
in einem der göttlichsten
Fleckchen Natur

# Flüchtiger Kuss

Ein flüchtiger Kuss
wohin sollte er fliehn?
Ich lasse ihn
nicht mehr
von dannen ziehn
ich nehm ihn
zu mir
und heb ihn
gut auf
es könnte
leicht sein
dass ich ihn
einmal brauch
dann hol ich ihn
aus meinem Herzen
hervor
vielleicht
sagt er mir dann
dass ich noch nicht
verlor
was ich schon
verloren geglaubt

denn
der flüchtige Kuss
war
geschenkt
nicht geraubt

# Tanzlied

Tanz
meine Zunge
tanze
meiner Liebsten
zur Wonne
meiner herrlichen Sonne
tanz immerzu
meiner Liebsten zulieb

Tanzend erwecke
mit Küssen bedecke
das Rot auf den Wangen
der Schönen

Tanzend durchdringe
die Lippen, umschlinge
im Tanze die Zunge
der Süßen

Tanzend umstreiche
die wohlige Weiche
die schmiegsamen Hügel
der Liebsten

Tanzend erklimme
den Hügel, die Zinne
umspiele die Beere
der Süßen

Tanzend durchforste
die bergenden Horste
die Nischen und Nester
der Liebsten

Tanzend umkreise
die glänzende Schneise
die Fuge im Schoß
der Geliebten

Tanzend umweide
das teure Geschmeide
die schimmernde Perle
der Holden

Tanzend umfließe
den Honig genieße
aus träufelnder Wabe
der Süßen

Tanzend durchstoße
die leuchtende Rose
den blühenden Kelch
meiner Freude

Tanzend überbrücke
die klaffende Lücke
die magische Schlucht
der Geliebten

Tanzend entzünde
die lockenden Gründe
die mystischen Tiefen
der Schönen

Tanz
meine Zunge
tanze
meiner Liebsten
zur Wonne
meiner herrlichen Sonne
tanz immerzu
meiner Liebsten zulieb

# Rekordversuch

Einmal möcht ich
einen ganzen Tag lang
nur
dich küssen

24 Stunden

Fünf Sekunden
für jeden Zentimeter
deiner Haut
Obwohl:
für manche Stellen
brauch ich sicher
wieder länger
da komm ich einfach
nicht und nicht darüber
sie sind mir so vertraut

Da werde ich dann wohl
die eine oder andre Stund
verweilen
mit meiner Zunge kreisen
und mit meinen Lippen
mich in Mikroschritten
vorwärts tasten
und wenn die Lippen
auf der langen Strecke
trocken werden
will ich sie
mit Honigtau
befeuchten
und in deinem Tal
ein wenig rasten

Ob es
für einen Eintrag
in das große Buch
der Weltrekorde taugt
ist mir in diesem Fall
völlig egal
Als Schiedsrichter
in dieser Sache
akzeptier ich ohnehin
nur dich
Du musst mir sagen
wenn ich etwas
ausgelassen hab
und ich mach
das Ganze
einfach
noch einmal

# Trauriges Träumen

Es macht mich traurig
träumen zu müssen
von etwas
das so einfach
und leicht
könnte Wirklichkeit sein

Meine Träume
sind nicht Utopie
nicht riesengroß
unerreichbar -
sie sind bescheiden
und klein

Sie kosten auch nichts
nur ein klein wenig Zeit
für Liebe
und Zuwendung
und Zärtlichkeit

Das einzige Hindernis
zur Traumseligkeit:
Sie gelingen
wenn überhaupt
dann nur
zu zweit

# Schundliteratur

Ich habe unter meine Kissen
zwei Bücher mir gelegt
man will ja schließlich wissen
was andere erregt
was sie darüber schreiben
und wie sie's am liebsten treiben

Ich muss gestehen
ich schäme mich bis auf den Grund
das ist nicht Literatur
das ist nur Schund

Kein Quäntchen Platz für Fantasie
nur grelles Licht
so detailliert
Pornographie
kein Fünkchen Liebe
zwischen diesen Zeilen
kein Bild
bei dem man möcht verweilen

Keine Sehnsucht
die dahinter steht
kein Wort
das auch das Herz
erregt

Mein Schatz
ich bitte dich:
Lies niemals solche Sachen
sie werden dich nicht
glücklich machen
denn in dieser Art Literatur
da liebt man nicht
da fickt man nur

# Hoffnung

Meine größte
Hoffnung
ist nicht
ein Leben
nach dem Tod
und was mir
danach blüht
oder mir droht

nur dass
Liebe
hier auf Erden
wieder möglich wär
das hoffe ich
und wünsche ich
mir

sehr

# Fragen über Fragen

Warum
will es nicht glücken
unser wöchentliches
Rendezvous?

Es scheint
es ist dir recht
so hast du
vor mir Ruh

Ich hab mich
so gefreut
auf eine fixe Zeit
nur für uns zwei

Ist es vorbei
bevor es noch
begonnen?

Hab ich
wieder nichts
gewonnen?

Fragen
über Fragen
und die Schwermut
fällt mich
wieder an

Wie lange
muss ich's
noch ertragen?

Wohin entfloh
was einst so schön
begann?

# Ist es Liebe?

Oft und oft
frag ich mich:
Ist mein Begehren
Liebe?
Und alles
schreit mir:

Ja!
Liebe!
Liebe!

Doch
stehst du dann
vor mir
ist es mir
als hörte ich:

Nein!
Bleibe mir
vom Leibe!

Was
kannst du
mir
nicht geben?
Was
hast du Angst
dass ich
dir
nehme?

Ist es Liebe?

Bin ich dir
nur lästig
keine Lust
sondern nur
Last?

Keine Liebe?

Doch
wenn du
keine Lust hast:
Warum
bist du dann
erregt?

Ist es doch
Liebe?

# One Way Love

Gibt es eine
Einbahnliebe
ohne dass sie
zur Sackgasse wird?

Was
wenn nichts
zurückkommt?

# Schätze

Schatz
lass uns
die Schätze teilen
nur im Teilen
sind sie schön
wenn jed's nur
mit dem eignen spielt
kann wahre Freude
nicht entstehn

Enhülle mir doch
deine Perle
hier ist mein
Karfunkelstein
hei
was wird das
für ein Funkeln
was für
Feuerregen sein

Sieh
wie mein Juwel
schon glitzert
und auch die kleine
Perle glänzt
Schatz
was sind wir doch
so reich
wenn eins
das andere
ergänzt

# Das erste Mal

Man sagt
das erste Mal
vergäß man nie
als sei es
ewig eingebrannt
eingemeißelt
wie in Stein
in das Herz
in den Verstand

Ich muss gestehen
unser erstes Mal
steht nur sehr blass
vor Augen mir
ich weiß zwar ungefähr noch
wo
jedoch das Wie
entschwindet schier

Es hatte nicht mehr
die Bedeutung
war nur noch logisch
musste sein
dem ging so vieles
schon voraus
und das fällt mir
noch deutlich ein

Am deutlichsten wohl
der Moment
in dem ich
meine Liebe
dir gestand

das war nicht logisch
war verrückt
ich folgte nur dem Herzen
gegen die Vernunft
und gegen den Verstand

Dann hab ich dich
umarmt
und mich
ganz fest
an dich gedrückt
du wusstest nun
wie's um mich stand
und zogst dich
nicht zurück

Ja
dieser eine Augenblick
in dem ich
über meinen Schatten
sprang
ist mein wahres
erstes Mal
an das
entsinn ich mich gewiss
mein ganzes
Leben lang

## Quickie

Zeit
ist kein Argument
für einen Quickie
braucht's nicht viel
es muss nicht gleich
die ganze Tour sein
manchmal reicht
ein Zwischenspiel

Doch
braucht's wohl auch
die Gunst der Stunde
die Gelegenheit
beim Schopf zu fassen
anstatt später einzusehn:
Ich hab die Chance
sausen lassen

Warum nur
musst ich mich heut so
an dir vorbei
zur Dusche zwängen?
Hattest du gehofft
ich würde dich
in die Kabine
drängen?

Dein
„Gute Nacht":
war's Gleichmut
war Provokation im Klang
war's etwa gar Enttäuschung
die in deiner Stimme schwang?

Hätt'st du
hätt ich dich mitgenommen
die Flucht ergriffen
und wärst mir entkommen?

Ich werd es
niemals wissen
die Chance ist vertan
ich hab zu lange
überlegt
ein Quickie
ist spontan

# Amouröses Abenteuer

Du bist
mein amouröses Abenteuer
mein One Night Stand
meine Frau
für eine Nacht
dann entschwindest
du mir wieder
Ungeheuer
Was glaubst du
was das
mit mir macht?

Ja
ich genieße
diese kurze Zeit
ich sauge sie
wie eine Droge ein
ich nutze sie
die seltene Gelegenheit
dann bin ich wieder
ganz allein

Als Wanderer
zwischen zwei Welten
streife ich
zwischen Erfüllung
und Verlangen
die Erfüllung
seh ich selten
und bleibe meist
in Sehnsucht hangen

Doch irgendwann
liegst du
dann wieder
neben mir
mein Abenteuer
für eine Nacht
ich umarme dich
und danke dir
für diese Stunde
die mich wenigstens
ein bisschen
glücklich macht

# Transformator

Es ist gar nicht so selten
dass du heimkommst
voll von Energie
die mich erregt
voll geladen
von Gesprächen
und Begegnungen
im Laufe dieses Tages

Doch dauert es oft
keine fünf Minuten
und die Energie verpufft
Spannungsabfall auf Null
doch ist es nicht Entspannung
kein Fallenlassen-und-sich-Hingeben
nur Müdigkeit
und Unlust

Wohin entschwindet sie
die Energie
die du doch
in dir trägst
die dich bewegt?
Wer raubt sie dir
und frisst sie auf
doch nicht gar etwa
ich

Ich wünschte
ich hätte einen Transformator
der diese Energie
dir wandelt
in Lust und Freude
an der Liebe

der deine Spannung
hält und formt
und steigen lässt
bis sie in wonnevollem Beben
sich entlädt
und sich hinüberhaucht
in jenen sanften
Schlaf
den ich
von Herzen dir
nach solchen Tagen
gönne

# Meine Lebensretterin

Du hast
mein Leben gerettet
damals
als ich
sterben wollte

Mit einem Schlag
wurde mir bewusst:
So
kann ich dich
nicht zurücklassen
Dich
und noch
einige andere

Nicht
mit meinem Tod
nicht so

Glaub mir:
Seit damals
weiß ich
wen
ich
wirklich
liebe

# Wo ist mein Platz?

Wo ist mein Platz?
Ich meine nicht
in deinem Bett
In deinem Herzen
deinem Leben

Die Antwort
kannst nur du
dir
geben

Bin ich noch
war ich je
eine Hauptfigur
stehe ich
wenn überhaupt
am Rande nur?

Es geht nicht
um die Frage
wer dich braucht
und wen brauchst du
nicht einmal
wer dich liebt
nur:
Wen liebst du?

Wo ist mein Platz
in deinem Leben?

Die Antwort
musst schon selbst
du
dir
geben

## Sad Lisa

Wenn ich dieses Lied hör
nenn ich dich
mein Röschen
Lisa

Einsame
traurige
kleine Lisa
hast du nicht auch
von Zeit zu Zeit
Verlangen nach Giovanni
nach Freude
Lust
und Zweisamkeit

Sehnsucht nach Fingern
die dich sanft berühren
nach Lippen
und nach einer Zunge
die dich in den Himmel
führen
dass Blut
in deine Adern schießt
dass deine Quelle
nicht vertrocknet
sondern fließt
dass Feuer
dich von innen wärmt
und durch den ganzen Körper
sprüht
dass deine Knospe
funkelt
bebt
und glüht

Kannst du dich nicht lösen
von diesem Kopf
der dich gefangen hält
der dich bestimmen will
der dir die Freude raubt
und damit nicht nur mich
wohl auch dich selber
quält

Einsame
traurige
kleine Lisa
wie gerne würd ich dich erlösen
aus deinem Kerker dich befreien
brechen
diese Macht des bösen
Drachen
der dein Tor bewacht
und dabei
dich und mich
betrübt
und traurig macht

> *Lisa Lisa*
> *sad Lisa Lisa*
>
> *Open your door, don't hide in the dark*
> *You're lost in the dark, you can trust me*
>
> *Though my love wants to relieve her*
> *She walks alone from wall to wall*
> *Lost in her hall, she can't hear me*
>
> *I'll do what I can to show her the way*
> *And maybe one day I will free her*
>
> *Lisa Lisa*
> *sad Lisa Lisa*
>
> *(Cat Stevens)*

41

# Röschen

Röschen lesen
wie ein kalligraphisches Gedicht
im Anblick Röschens versinken
wie in einem kunstvollen Gemälde
Röschen atmen
wie ein betörendes Parfum
mein Ohr an Röschens Lippen legen
ob ihr Herzschlag bis hierher
zu mir dringt
Röschen streicheln
kaum berührend
sanft elektrisierend
Röschen küssen
ihren Honigseim auf meinen Lippen
schmelzen lassen

Ich mag mein Röschen
mit allen Sinnen

Ob Röschen auch
Giovanni mag?

# Röschens Nachbarin

Ich weiß
du liebst es nicht besonders
doch manchmal
geht Giovanni
fremd

Dann besucht er
Röschens kleine Nachbarin
Ihr Zimmer
ist warm und behaglich
sie wohnt gleich
Tür an Tür

Meist bleibt er auch
nicht lange
und kehrt
reumütig
zurück

Ich hoffe
du verzeihst

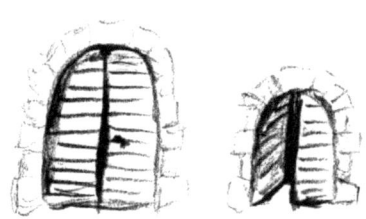

# Ende des Sommers

Der Sommer neigt sich schon
dem Ende zu
jener Sommer
mir verhasst von Anfang an
weil ich wusste
dass er mir kein Meer
und keine Liebe bringen kann
mich fröstelt
weil ich nackt
auf der Terrasse ruh

Selbst das Feuer in der Schale
wärmt mich nicht
du bist nicht hier
kommst spät nach Haus
doch was mir mehr noch heut
das Herze bricht:
der Sommer ist bald aus

Er ist und bleibt mir doch
die liebste Zeit
egal ob mit
ob ohne Liebe
nun macht sich schon
der Herbst bereit
ach
dass die Sonne
doch noch bliebe

Du kommst
umweht von
Herbsteskühle
bringst mir den Sommer
nicht zurück
Du fragst nicht
wie ich mich heut fühle
flüchtig nur
streift mich
dein Blick

Egal wie kühl
du dich heut zeigst
ich bin kälter noch
als du
und wenn du dann
zu Bette steigst
kriech ich zu dir
und deck mich
mit dir zu

Du sollst mich wärmen
sollst mich decken
der Herbst kann mir
gestohlen sein
hüllst du mich gar
in Liebe ein
kann selbst der Winter
mich nicht schrecken

# Herbstglühen

Nackt bin ich
zu dir
gekrochen
ausgekühlt
vom Abendwind
der Herbst ist wohl
schon angebrochen
die kalte Zeit
beginnt

Wie du glühst!

Ich schmiege mich
ganz eng
an dich
ich bin so kalt
du zuckst zusammen
doch deine Glut
kommt über mich
wärmt mich
wie Feuersflammen

Wie du glühst!

So nah bei dir
es fühlt sich gut an
du wendest mir
den Rücken zu
und liest
deine Hitze
facht auch
meine Glut an
du spürst es sicher
auch wenn du's
nicht siehst

Wie du glühst!

Dein Körper nah
dein Herz ist fern
ich wollt
es wär nicht so
dennoch
bliebe ich noch gern
doch brenne ich schon
lichterloh

Wie du glühst!

So wird es Zeit für mich
zu scheiden
ich wär noch gern
mit dir zusammen
du weißt
ich werde einsam
leiden
doch du musst schlafen
Wer löscht
meine Flammen?

Ich glühe
und verglühe
einsam

Dennoch:
Danke
für das
Feuer!

# Momente

Es gibt so Momente
wie eben
du hast mir Fotos
von deiner Schulzeit
gezeigt
ich wollte dich
küssen
meinen Arm
um dich legen
so nah
hast du dich
zu mir her
geneigt

Du warst mir
so nahe
wie damals
vor Jahren
als wir beide
noch jung
und verrückt
nach uns waren

Ich bin so verliebt
wie damals
zu jener Zeit
doch macht sich
zur Lust
auch ein Schmerz
in mir breit

Soviel Lust
soviel Schmerz
soviel Ohnmacht
zugleich
ich weiß nicht
was ich tun soll
dass ich dich noch
erreich

Soviel Lust
soviel Schmerz
soviel Ohnmacht
in mir
es zieht mich
und zieht mich
näher zu dir
doch es ist
eine Einbahn
kein Gegenverkehr
keine Bewegung
von dir
zu mir her

Ich könnte dich
auf der Stelle
verführen
und doch wag ich
nicht einmal
dich zu berühren
es fehlt
wie in der Elektrizität
der Gegenpol
an dem sich
die Spannung
entlädt

Wie ein Blitz
der nicht zündet
so zuckt es
in mir
und doch
bleib ich starr
so wie du
neben mir

Oh ja
die Fotos sind süß
ich lächle dich an
und wieder hab ich
eine Chance
vertan

Dabei hätte
ein flüchtiger Kuss
schon gereicht
der die Schwermut
mir nimmt
und unsre Starre
erweicht

## Amtlich

Wir haben es amtlich
es gibt ein Papier:
wir gehören zusammen
ich zu dir
so wie du auch zu mir

Doch ich brauch unsere Liebe
nicht Schwarz auf Weiß
ich will sie in Fleisch und Blut
in Sperma und Schleimhaut
und Schweiß
doch auch romantisch
und zärtlich
und leis

Nur eine solche Liebe tut gut
die dem anderen Gutes tut
und da hängen wir beide
amtlich hin oder her

Liebe
im Alltag zu leben
ist schwer

# Lust auf Neues?

Wir sind in Liebesdingen
wie wir waren:
Babies
unerfahren
wir sind und bleiben
stets die Alten
ohne Interesse
uns weiter zu entfalten

Andrerseits:
Ich würde gerne
deine Lust
viel besser noch verstehen
würde mit dir gern bewusst
auch andre Wege gehen

Neues probieren
dann entscheiden
passt es für uns
passt es uns beiden

Die Gewöhnung
ist der Tod der Liebe
Neugier nicht immer nur
Befriedigung der Triebe
auch Interesse und Bestreben
der Liebe neuen Schwung zu geben

Doch:
Lernen zu zweit
braucht füreinander Zeit
zuallererst Vertrauen
Offenheit

Ich wär' bereit
Und du?

# Raketenstart

Dein Raketenstart vorhin
hat mir ehrlich imponiert
ja
du bist wirklich forsch
solang dein Weg
nicht zu mir führt

In andren Dingen
bist du dann
nicht mehr
so ganz rasant
da bin dann eher ich
mit dem Raketenstart
zur Hand

Es sei denn…
Ja, was?
Sag mir
was dich
feurig macht

Vielleicht
schon heute
Nacht

## Unterm Mistelzweig

Unterm Mistelzweig
habe ich dich geküsst
Du weißt
was seine Bedeutung ist?

Wir werden uns
niemals entzwein
ewig
wird unsere Liebe sein
immer grün
wird sie den Tod besiegen
kein Winter
wird uns unterkriegen
immer werden
Beeren reifen
wenn sie auch manchmal
Tränen gleichen

Unterm Mistelzweig
will ich dich
wieder küssen
immer wieder
unterm Mistelzweig
an dich denken müssen

# Gestern unterm Mistelzweig

Wie oft hielt ich in diesen Jahren
unsre Liebe schon verloren
ich suchte sie und fand sie nicht
entschwunden schien das Glück
doch gestern unterm Mistelzweig
da hab ich mir geschworen
ich geb nicht auf
ich kämpf um sie
und hole sie zurück

Dein Kuss war so verheißungsvoll
dass meine Hoffnung wieder Nahrung fand
denn wie der Mistelzweig
mit seinem immerfrischen Grün
dort oben in dem Tore hing
geschmückt mit einem roten Band
so ist mein Herz erneut entbrannt
und meine Seele wieder kühn

Wie lauter glitzerweiße Perlen
häng ich an den Zweig die Tränen
und für jede dieser Perlen
schenke ich dir einen Kuss
je mehr ich um dich weinte
umso größer war mein Sehnen
so lass mich dich denn nun umarmen
weil ich nicht länger weinen muss

Immer soll die Liebe grünen
nie soll'n wir uns trennen müssen
kostbar sei uns jeder
noch geschenkte Augenblick
täglich wollen wir uns
fortan wieder küssen
dankbar sein für jedes
noch so kleine Stückchen Glück

# Die Sache mit der Liebe

Es ist so eine Sache
mit der Liebe
von uns beiden

Sie ist so

selbstverständlich
unerklärlich
wunderschön

und
schafft doch

so viel
Leiden

# Psychomüll

Manchmal frage ich mich:
Fühlst du dich als Mülleimer
wenn ich dir all das schreibe?

Nein
meine Liebe ist
kein Müll
und kein Schrott

Liebe ist immer
und da glaube ich dran
wie menschlich sie auch sei
eine Gabe von Gott

# Wieder nichts

Du hast Lust -
auf was zu knabbern
und auf Wein

Meine Hoffnung
ist geweckt:
Das könnt
nach langen Wochen
wieder einmal mehr
als nur ein
lauer Abend
sein

Ich laufe in die Küche
und präpariere
ein paar Cracker
wie sie uns
schon manchen Abend
kulinarisch
lustvoll
eingeleitet haben

mit triefenden Oliven
zartem tiefrotem Schinken
süßen Trauben
und würzigem Käse
dazu ein Glas vom Wein
mit dem klingenden Namen
„Eruption"

Ich zelebriere jeden Bissen
beobachte dich verstohlen
und versuche mir vorzustellen
wie sich diese fleischige Olive
wohl in deinem Mund jetzt anfühlt

lasse jeden zarten Lappen Fleisch
auf meiner Zunge zerfließen
schlürfe den Wein
lechze innerlich
und denke schon
an Eruption

und doch
Ich ahne
ja, ich weiß
dass du
für solche Empfindungen
heut wohl wieder
unempfänglich bist

Du hast nur einfach
etwas Hunger
doch augenscheinlich
nicht nach mir

Zur Hoffnung
mischt sich
schon die Angst
Das wird wohl
wieder nichts

Du entschwindest
Richtung Bad
ich folge dir
in sicherer Entfernung
lauere in deiner Nähe
warte auf ein Wort
und dann kommt's
Ich gehe schlafen

Der letzte Rest von Hoffnung
fällt von mir ab
und ich steh im kalten Regen
mit der Gewissheit
Das wird heute
wieder nichts

Immerhin
Du merkst meine Enttäuschung
und versprichst
Ich komme morgen früh zu dir

Ich hebe
die abgefallene Hoffnung
wieder auf vom Boden
und hülle mich in sie
Ok
das war heut wieder nichts
doch morgen früh -

sie hat's
versprochen

# Erstes Rendezvous

Im dritten Anlauf
klappt es endlich
unser erstes Rendezvous
es ist schön
und aufregend
eine Stunde Zeit
nur ich und du

Ich habe mich
darauf gefreut
ich bin nervös
und weiß
an diesem Treffen
könnte sich entscheiden
Hat es Zukunft
oder legen wir es
wiederum auf Eis?

Wir reden über Triviales
den Alltag oder so
doch wir woll'n uns wiedersehen
und das stimmt mich froh
Sonst ist nichts geschehen
nicht beim ersten Mal
wir werden uns ja wiedersehen

Es war schön
und aufregend
wie ein erstes Rendezvous

unser erstes Rendezvous
nach mehr als zwanzig Jahren

# Liebe hält

Wenn es nicht
die Liebe wäre
die mich hält
und an dich bindet
wäre ich
wohl schon gegangen
um zu sehen
ob sich
eine andre findet

Liebe hält
und hält viel aus
Liebe ist
das Fundament
für unser
Lebenshaus

# Kuss der Liebe

Du bist lieb
und meinst es gut mit mir
du kommst zu mir
und reichst mir gar den Kelch
und es ist besser
als zu dürsten und zu darben

Doch verschlossen
bleibt dein Mund
kein Kuss der Liebe
kommt dir über deine Lippen
kein Züngeln heißer Flammen
kein Herz
gehaucht aus feuchten Lippen
auf meine glühend heiße Haut

Ich weiß
ich bin unfair
wenn ich alles von dir will
und selbst
mich doch nur halb dir gebe

Ich hör dich sagen
„Alltag"
und es brennt unter der Haut
weil ich sehe
dass auch du
manches von mir vermisst

Den Kuss der Liebe
würde ich
von Herzen gern erwidern
doch im Alltag mehr zu geben -
ich will mich bemühen
doch es fällt mir sichtlich schwer

# Zeit

Ich würde dir ja gerne sagen
Lass dir nur
alle Zeit der Welt
ich warte schon so lange
und will weiter warten
bis du dich wieder findest
und auch mich
und es dir wiederum gefällt
mir nah zu sein
mit deiner Liebe
und mir zu öffnen
deinen Garten

Doch meine Lebensuhr
sie tickt
die Zeit verrinnt
und auch Giovanni
ist nicht mehr der
der er noch war
vor Jahren
doch will er noch leben
und genießen
und besinnt
sich all der glücklichen Momente
die da waren

Und meine Sehnsucht wächst
je kürzer
meine Tage werden
denn ich weiß nicht
Ist es für mich noch Sommer
oder Herbst
oder gar schon Winter
auf der Erden

Die Zeit verrinnt
doch hoffe ich
noch Liebe zu erleben
frei geschenkt
voll Lust und Wonne
selbst in kalter Winterszeit
als eine warme Sonne

du
nur du
kannst
diese Liebe
geben

# Therapie

Dass ich dichte
ist für mich auch Therapie
im Reim sage ich Dinge
die sonst nie
gesprochen
über meine Lippen kämen
so vis-à-vis gesagt
würd ich mich mancher Worte
und Gedanken schämen
die ich doch tief
in meinem Herzen trage
und wüsste doch nicht
wie ich's sage

Doch in der Poesie
da ist Gefühl erlaubt
da geht's
ans Eingemachte
da sagt man
was man wirklich glaubt

Die Alltagssprache
taugt nicht viel
für die Liebe
und ihr mannigfaltig Spiel
Die Liebe ist
so schön
so bunt
so süß
und auch voll Bitterkeit
dass nur die Poesie
das rechte Wort ihr leiht

Drum lass mich weiter dichten
es befreit
es schmälert nicht die Lust
und mindert nicht mein Leid
doch lässt es mich
in meiner Liebe
sicher sein

Ich liebe
und ich lieb
nur dich
allein

# Wonnemond

Im Wonnemond
im Wonnemond
küss ich den rosa
Wonnemund
in dem die süße
Wonne wohnt
und das nicht nur
im Wonnemond

## Der emsige Gärtner

Frau Nachbarin hat einen Garten
darin mein Gärtner graben will
es glänzt im Licht sein scharfer Spaten
dienstbereit strebt er zum Ziel

Ich muss die Furchen neu durchwühlen
Frau Nachbarin, mach auf das Tor
dein Garten muss den Spaten fühlen
Da steht er schon und macht Rumor

Nur nicht so hastig, junger Mann
erst will ich von dir näher wissen
was ich von dir halten kann
Verstehst du dich denn auch aufs Küssen?

Sie reicht ihm ihren Zuckermund
er saugt sich fest und spitzt die Zunge
erkundet ihn bis auf den Grund
fürwahr, ein forscher Gärtnerjunge

Frau Nachbarin, war es so recht?
Ich muss mich jetzt zum Garten sputen
Für den Anfang gar nicht schlecht
da könnte man noch mehr vermuten

Der Garten ist nicht leicht zu finden
musst über hohe Berge gehen
und manche Hürde überwinden
Wie weit du kommst? Wir werden sehen

Der erste Hügel ist erklommen
doch auf dem Gipfel eine Zinne
hindert ihn am Weiterkommen
verwundert hält der Gärtner inne

Dann sucht er sie zu überwinden
doch umso steiler ragt sie hoch
umkreist sie, kann den Weg nicht finden
und verlässt sie schließlich doch

Dann noch einmal das gleiche Spiel
es beginnt ihm zu gefallen
fast vergisst er auf sein Ziel
da spürt er plötzlich dieses Wallen

Die Nachbarin hat mittlerweil
den Spaten in die Hand genommen
und inspiziert das gute Teil
das mit dem Gärtner mitgekommen

Und inspiziert es sehr genau
denn bald schon wundert sich der Junge
Hat denn diese schöne Frau
ihre Augen auf der Zunge?

Sie prüft den Spaten, und zwar gründlich
bevor sie ihn zum Garten lässt
sie prüft ihn händisch, prüft ihn mündlich
er besteht, aufrecht und fest

Der Gärtner hat derweil allein
zum schmalen Gartentor gefunden
öffnet es und dreht ganz fein
mit den Fingern ein paar Runden

Er saugt den Duft genüsslich ein
von Rosen und Lavendelblüten
das muss das Beet für'n Spaten sein
nach Lust und Laune hier zu wüten

Diese Knospe wird bald blühen
sagt geübt sein Gärtnerdaumen
ein zarter Kuss bringt sie zum Glühen
Ein Hoch auf diesen grünen Gaumen

Viel Wasser braucht der Garten nicht
die eigne Quelle feuchtet ihn
doch jetzt, mein Spaten, an die Pflicht
zur Freude der Frau Nachbarin

Der Spaten fährt ins Erdreich ein
und gräbt und wühlt den Garten um
ein Paradies wird dies bald sein
ein himmlisches Elysium

Zerfurcht, durchwühlt der ganze Garten
zerzaust das frische Rosenbeet
in dessen Mitte jetzt der Spaten
wie ein gepflanztes Bäumchen steht

Die Nachbarin ist hell entzückt
und lobt den Gärtner wirklich sehr
Dieses Werk ist dir geglückt
ich wünschte, du kämst öfter her

Der Gärtner lacht und sagt zu ihr
Das war nur mein Gesellenstück
zum Meisterwerk
– und das versprech ich dir -
komm ich morgen schon zurück

# Nebenverkehr

Auf langer Fahrt
wenn ich allein im Auto bin
ziehen mich meine Gedanken
zu jenen unsren Fahrten hin
wo wir verliebt und glücklich
nur uns selber hatten
nur warmes Licht
ganz ohne Schatten

Und warm
ja heiß
ist es in unserm Fahrzeug auch
wenn ich bloß daran denke
kribbelt es in meinem Bauch

Du neben mir
nur einen Handgriff weit entfernt
dein nacktes Knie
und meine Hand greift zu
ich spüre deine Haut
und fühle die Magie
die diesen Augenblick
mit ihrem Knistern füllt
Mein Hunger ist in jenen Jahren
zwar meistens gut gestillt
doch unersättlich
wie ich bin
lang ich voll Begehren
immer wieder hin

Ich schalte einen Gang zurück
um diese Lage zu genießen
den Minimalverkehr da draußen
lassen wir an uns vorüber fließen

Immer wieder
wandert meine Hand
zu dir
und wandert immer
ein Stück höher
von deinem Knie
den Innenschenkel hoch
Schritt für Schritt
unter deinem Rock
dem Paradiese näher

Ich spüre schon den feinen Stoff
und streichle sanft seine Strukturen
im Streicheln formen sich darunter
mir wohl vertraut
deine Konturen
mit der Furche in der Mitte
es ist
wie ich erhoff
ich presse meinen Finger an
es spannt sich das Gewebe
und Feuchtigkeit durchdringt den Stoff

Du liebst es
wie es scheint
und drückst dich
meiner Hand entgegen
mein Finger hält
dem Drucke stand
dann wird er
ganz und gar verwegen
er sucht den Rand
des kleinen Stückchens Seide
und gleitet rasch darunter
auf die rutschig feuchte Weide

73

Dies bleibt nicht ohne Folgen
so abgebrüht bin ich noch nicht
ich trag nur eine kurze Hose
der sie bewohnt
bläht sich und drängt ans Licht
du hast mit ihm Erbarmen
und reichst ihm deine Hand
holst ihn aus seinem Dunkel
und streichelst ihn galant

Jetzt wird es langsam kritisch
wo er in voller Schönheit prangt
denn da ist noch der Hauptverkehr
der meine Achtsamkeit verlangt

Diese Steigung kommt sehr ungelegen
ich muss schalten
und brauche dazu meine Hand
mein Schatz
ich würde gern noch länger bleiben
doch das
ist mir jetzt zu riskant

Auch ist mir
ziemlich heiß geworden
wir sollten uns ein wenig kühlen
du weißt
ich liebe dich
und liebe das
was wir hier
füreinander fühlen

Wir biegen ab
und legen eine Pause ein
wir stärken uns
und lieben uns
im duftenden Olivenhain

Es ist schon lange Jahre her
doch diese Bilder und Gefühle
sind lebendig
wenn ich im Wagen
durch die Landschaft flitz
und unwillkürlich
zwischen vielem Schalten
greift meine Hand
zum leeren Nebensitz
und manchmal
kann es dann geschehen
dass meine Hose
plötzlich spannt
im Sommer
wenn es nur die Kurze ist
dann hole ich schon mal
den Einwohner ans Licht
und wiege ihn
in meiner Hand

# Warum ich keine Liebeslieder singe

Jetzt weiß ich
warum ich keine Liebeslieder singe

Ich könnte es wohl
aber es wären traurige Lieder
Lieder voll Schwermut

Ich müsste singen
von brennender Sehnsucht
die sich nicht löschen lässt
von Durst
und vom Brunnen
der zu tief ist
um an sein Wasser zu kommen

Müsste singen
von Tränen durchwachter Nächte
von Schmerz und Entsagung

Müsste singen
von Nähe und Ferne
Begehren und Einsamkeit

Müsste singen
vom Duft deiner Haare
von der Weichheit deiner Haut
vom Lavendel der Jugend
und mehr

Vom Meer
und mehr
mehr
und mehr

Und könnte nicht singen
denn ich müsste weinen dabei

# Ich streiche diesen Sommer

Ein Sommer
ohne Sonne
ohne Meer
und ohne Liebe
ein Sommer
ohne dich

Und dabei
wohnen wir im selben Haus
essen wir am gleichen Tisch
schlafen wir im gleichen Bett

Wenn du wüßtest
wie sehr du mich quälst!
Wenn du wüßtest
wie sehr du mir fehlst!

Am liebsten
würd ich diesen Sommer
aus meinem Leben streichen

Wird er
besseren Zeiten
weichen?

# Mein Kater

Mein Kater ist beneidenswert
er springt einfach
auf deinen Schoß
du kannst nicht anders
streichelst ihn
und sei's
für fünf Minuten bloß

Wenn ich ein Kater wäre
könnt ich streunen
den lieben langen Tag
wissend
dass ich
wenn ich heimkomm
jemand
der mich streichelt
hab

# Kopfmensch - Bauchmensch

Du armer Kopfmensch du
Was hast du schon erreicht
mit deinem Grübeln
und Studieren?

Doch auch ein Bauchmensch
hat's nicht leicht
hab ständig Angst
dich zu verlieren

Und doch
Bewahr dir deinen Kopf
und pass gut auf ihn auf
denn durch ihn
lebst du sehr bewusst

Auch ich verzichte nicht
auf meinen Bauch
er ist meine Kraft
und ich freu mich
seiner Lust

## Öffnungszeiten

Ich hatte bisher
meistens das Gefühl
die Zeit würd'
viel zu schnell vergehen
seit ich
auf unserm Mittwoch warte
scheint es mir
sie bliebe stehen

Dein Garten
hat jetzt
eine fixe Öffnungszeit
es ist ein Kompromiss
mit dem ich leben kann
ich bin flexibel
und bin allezeit bereit
und wohne ohnehin
gleich nebenan

Ich möcht
um alles in der Welt
die heiß ersehnte Stunde
nicht verpassen
drum hab ich
sieben Wecker mir bestellt
doch keiner will die Zeit
mir schnell
vergehen lassen

Ich habe das Gefühl
sie alle bleiben stehen
die Zeit
will nicht
und nicht
vergehen

Heut ist endlich Dienstag
nur diesen Tag
muss ich noch überdauern
und wenn ich mich
dann abends
in mein Bett grab
werd' ich auf das
Morgengrauen lauern

Ich hoffe
dass ich dir
als ein willkommen Gast
in deinem königlichen Schlosspark bin
und dass du
eine Sonderführung
für mich hast
zu all den Schätzen
und geheimen Quellen hin

Und ich verspreche
dass ich würdig mich betrag
und hoffe
dass ich mir auch außertourlich
manche Sonderöffnungszeit erwerbe
weil du erkennst
wie sehr ich deinen Garten mag
und dass ich
ohne seine Freuden
beinah sterbe

Ich schätze deine Öffnungszeit
von … bis …
und will auch keinesfalls
darüber klagen
doch wie gesagt
Es ist ein Kompromiss
und Liebe
sollte auch noch Platz
für manche Überraschung
haben

## Abendkuss

Es hat mich sehr berührt
dass deine Tür
mir gestern Abend
offen stand
für einen letzten
Abendkuss
bevor du schwebst
ins Träumeland

Es ist erstaunlich
wie so ein kleines Zeichen
für das ich dir
aus ganzem Herzen danke
so manches Harte
lösen und erweichen
und auch ein wenig
heilen kann
woran ich schon
so lange
kranke

Ich bin
ein Spätzünder
es hat mich gestern Abend
schon gefreut
doch die Größe
dieses Zeichens
die mich zu Tränen rührt
erkenne ich erst heut

# Wish You Were Here

Ein Straßenmusikant
spielt gerade dieses Lied
bei dem mich meine Sehnsucht
schon lange
zu dir zieht

Wieviel Schönes
habe ich in dieser Welt
schon gesehen und erlebt
und mir dabei so oft gewünscht
Wärst du doch jetzt bei mir
Ich hätt so vieles
gern mit dir geteilt
doch die Erfahrung bleibt
alleine mir

Erfahrenes
kann man nicht wirklich teilen
ich kann erzählen manchen Tag
doch schaffe ich damit
im Hörer keine Bilder
wie ich sie
so lebendig
in meinem Herzen trag

So bleibt
was ich allein erfahren
allein mein Schatz
den ich wohl hüte
die Erinnerung
als Same eingepflanzt
reift nur in mir
zur vollen Blüte

Ganz analog
ist es mit dem
was wir gemeinsam teilen
an Erfahrung
Als unser Schatz
gehört es nur
uns ganz allein
die Bilder
die wir miteinander schufen
werden immer nur
in meinem
und hoffentlich auch deinem
Herz lebendig sein

So vieles
das wir miteinander teilen
an Erfahrung
ist als Erinnerung
mir heut so nah
die Bilder
die ich in mir trage
sind auch deine
nicht nur für mich
wohl auch für dich
noch immer da

Freilich
Vergangenes
kommt dadurch nicht zurück
doch wenn der Same blüht
kann er zur Frucht auch reifen
und wenn's nichts andres ist
als dass die Liebe
uns lebendig bleibt
mehr kann man ohnehin
wohl nicht erreichen

Erfahrenes
verliert man nicht
es bleibt als Schatz
man muss nur achten
dass man's nicht vergräbt
es ist das Kapital
von dem wir leben
das Wertvollste
das wir je haben
das uns trägt

Und ist Erfahrenes
mal schwer zu tragen
dann hilft es
nicht allein zu sein
geteiltes Leid
ist halbes Leid
wer liebt
wird niemals einsam sein

So bleiben
in vielen Lagen meines Lebens
als Ausdruck meiner Sehnsucht mir
die Melodie
und diese Worte:

*How I wish you were here*

# Saugen

Du saugst

Wie forsch
du mit dem Rohr
hantierst
und es
durch die Gegend
schiebst

Ein Anblick
der erregt

Du saugst
Staub

# Mäuschen

In deinem Garten
steht ein Häuschen
einen Spaltbreit offen
steht das Tor
da wohnt ein kleines Mäuschen
und blinzelt keck hervor

Ich will das Mäuschen suchen
ich kitzle es heraus
ich locke es mit Honigkuchen
auf meinem Finger
aus dem Haus

Und hab ich's erst gefunden
dann küsse ich es inniglich
wie lieblich sind mir diese Stunden
Mäuschen
wie lieb ich dich

Doch dann
lass ich die Katze
aus dem Sacke schlüpfen
es zieht sie hin zum Mäuschen
das Mäuschen will enthüpfen
doch die Katze ist schon drin
im Häuschen

Da hebt ein Haschen an
ein Jagen
bis das ganze Haus erzittert
Mäuschen
musst nicht so verzagen
die Katze hat dich schon gewittert

Das ganze Häuschen
wird durchwühlt
kein Winkel bleibt verschont
die Katze riecht und fühlt
dass hier ein Mäuschen wohnt

Ach Mäuschen
hab doch keine Angst
es ist doch nur ein wildes Spiel
die Katze liebt dich
so wie ich
nicht Fressen
sondern Lieben
ist ihr Ziel

Darum Mäuschen
freue dich
hüpfe und fang an
zu tanzen
und wenn du dann
ganz müde bist
und am End ermattest
hoffe ich dass du
am Ganzen
die gleiche Freude
wie die Katze
hattest

# Ekstatisch

Ein Flüstern
von zärtlichen Lippen
an meine
empfindsame Spitze
gehaucht
ein Zucken
von fiebrigen Fingern
in deine
glühende Lava
getaucht

Ein Züngeln
zuckender Zungen
wie flammendes Feuer
aus gierigem Schlund
ein Saugen
lechzender Lippen
ein feuchtes
Verlangen
aus rosigem Mund

Ein Wogen
glühender Körper
lüstern umschlungen
im Dunkel
der Nacht
ein Klatschen
ekstatischer Leiber
in stürmisch
tosender Liebe
entfacht

# Lusttropfen

Ich hab
an dich gedacht
es war wohl etwas heftiger
das war mir nicht bewusst
jedoch der Tropfen
der da glänzt
verrät
ich habe Lust

Ich nehm ihn auf
mit meinem Finger
und lasse
auf der Zunge
ihn zerfließen
er schmeckt nicht
nach dir
doch schmeckt nach Lust
ich möchte
mehr davon
genießen

Das nächste Mal
wenn ich dann
bei dir bin
lab ich mich wieder
gern an dir
- und vielleicht
ein wenig auch an mir -
jedoch
mein erster Tropfen Lust
und das versprech ich
feierlich
gehört
alleine dir

# Liebe und Begehren

Ich kann und will mir
nicht verwehren
dass die Liebe
die ich für dich hege
begleitet wird
von so gewaltigem
Begehren
das ich nicht
in mir verschließe
sondern vor dir
offenlege

Mein Gefühl für dich
ist groß und stark
doch gleich stark
sehnt mein Körper
sich nach dir
mein Begehren
fährt mir tief ins Mark
meine Haut ist süchtig
nach Kontakt mit dir

Ich möchte dich
mit meinen Händen
überall berühren
und meine Haut
an deine schmiegen
ich möchte mich
mit dir verschmelzen
und mich so
lebendig spüren
und manchmal
einfach nur
in deiner Nähe liegen

# Mittwoch

Seit wir
für unser wöchentliches Rendezvous
den Mittwoch auserkoren haben
zähl ich meine Woche
nach ganz neuen Wochentagen

Vorvorvormittwoch
Vorvormittwoch
Vormittwoch
Mittwoch
Nachmittwoch
Nachnachmittwoch
Nachnachnachmittwoch

## Schlangen

Was kommt denn da
gekrochen?
Die Decke raschelt
und jetzt
fühl ich's auch
Ist's eine Schlange
die so kalt
mir kriecht
auf meinen Bauch?

Sie gleitet
nähert sich
dem Heiligtum
mir wird langsam
heiß
ich liege starr
und rühr mich nicht
Was ist
wenn sie mich beißt?

Nun ist sie da
und gleitet weiter
umschlingt
und schließt
den Würgegriff
und *meine* Schlange
zuckt
und bäumt sich auf
wie ein
vom Sturm
gepeitschtes Schiff

Mir bebt das Herz
ein leiser Seufzer
entringt sich meiner Brust
doch ist's kein Leiden
ist kein Schmerz
ist helle Wonne
pure Lust

Ungleich
und aussichtslos
scheint der Kampf
zu sein
ein kleiner Ruck
und offen liegt
mein glänzender
Karfunkelstein

Ich winde mich
und strecke mich
mein ganzer Körper
wird zur Schlange
den Schatz hol ich zurück
doch nicht für lange

Das Kleinod
gleitet auf und ab
der Kampf wogt
hin und her
mein Körper
hebt sich
senkt sich
und ich
atme schwer

Da hol ich aus
zum letzten Schlag
der dich
geliebter Feind
verdirbt
meine Schlange
streckt den Kopf
zuckt
spuckt
ihr süßes Gift
und

stirbt

## Der unbekannte Dichter

Hab neulich
meine Frau gefragt
was sie denn
zu dem Dichter sagt
der sich
Giovanni
nennt
sie sah mich
ganz erstaunt an
und meinte
dass sie den
nicht kennt

Aber
er schreibt dir doch
seit Monaten
täglich ein Gedicht
legt's heimlich
in sein Tagebuch
jetzt sag mir bloß
du liest das nicht

# Formelle Entschuldigung

Ja, du hast recht
man sollte
gute Gewohnheiten
nicht so achtlos
beiseite schieben
nachdem sie sich
gerade erst
so einigermaßen
eingespielt haben

Daher
entschuldige ich mich
höflich
und in aller Form
dass ich heute
unser wöchentliches Rendevouz
platzen lassen habe
nur wegen
einer kleinen Unregelmäßigkeit
im Tagesablauf
und weil ich diesmal
selber müde war


PS

Du glaubst gar nicht
wie sehr ich mich freue
dass du es vermisst hast
und ich verspreche feierlich
und jetzt schon freudig erregt
es soll so schnell
nicht wieder vorkommen

# Du wirst mir meine Haut zerfetzen

Nur wen ich wirklich liebe
der kann mich auch
zutiefst verletzen
ein andrer
kratzt mich nicht
und tut mir
nicht so weh
von dir weiß ich
du wirst mir
meine Haut zerfetzen
und trotzdem
reiß ich mir
vom Leib die Kleider
wenn ich dich
auch nur von ferne
vorüberschweben seh

Sei stolz darauf
dass ich
an dir
so leiden kann
und sieh es
als Beweis
wie lieb
ich dich
doch hab
niemand außer dich
lass ich
so nah
an mich heran
egal
wie viele Narben
ich von dir
schon in mir trag

## Scheherazade

Mein Gedicht
dir geschickt
letzte Nacht
begleitet von
bitteren Tränen
hat dich
heute Morgen
zu mir gebracht
und so
mir gestillt
mein Hoffen
und Sehnen

Jetzt weiß ich
wie ich es richte
Ich schick dir
im Lauf
von einigen Jahren
1001 Gedichte
um mein Leben
und unsere Liebe
zu wahren

So wie einst
Scheherazade
ihr Leben rettete
durch ihre Worte
so kann auch ich
vielleicht grade
durch Poesie
mir erschließen
die lange verschlossene
Pforte

zu deinem Herzen
und zum Paradies
Ich leg sie
wie einen Blumenstrauß
vor deine Tür
nimm sie ans Herz
und lies
sie als tägliche
Liebesbriefe
von mir

# Halbwertszeit

Brennt Liebe ab
wie angereichertes Uran
verliert sie ihre Strahlung
mehr und mehr?
Wann hat sie
ihre Halbwertszeit?
Und dann:
Wann
ist sie ausgebrannt
und leer?

Hat
so kann man fragen
Liebe ein Halbwertszeit?
Ist sie für die Zeit gemacht
dann ja
Doch ist sie
für die Ewigkeit
wann wäre dann
die Halbzeit da?

Gibt es ein festgesetztes
Ablaufdatum
wenn man liebt
einen Zeitpunkt
wo Liebe schal wird
und verdirbt?
Wenn man nicht
etwas
sondern alles
von sich gibt
gibt es den Schlusspunkt
an dem die Liebe
stirbt?

Ich will dran glauben
und ich halt mich
daran fest
dass Liebe
auch im Tod
noch nicht
zu Ende ist
dass sie sich nicht
nach Maß
und Zeit
berechnen lässt
ja
dass ihr
ein Ewigkeitswert
eingeschrieben ist

103

# Fröhliche Weihnacht

Was soll ich
zum Fest der Liebe
dir schenken?
Wohl nichts
außer Liebe
Oder hast du
Bedenken?

Nun gut
ich geb noch
was Kleines
und Schönes dazu
Für heute Nacht
ein heißes Dessous?
Nein
keine Angst
bin doch harmlos
wie du

Fröhliche
Weihnacht

# Duftimpressionen

Du duftest
nach Honig und Milch
du sagst
das sei
dein neues Shampoo

doch der Schuss
von Lavendel
gib's zu
das warst
immer schon
du

# Weihnachtsmorgen

Du hast
mich überrascht
dein Geschenk
hat wirklich Stil
dabei war's gar nicht
richtig eingepackt
ich fand's
in meinem Bett
nur eingeschlagen
in die Decke
doch ansonsten
splitterfasernackt

Du hast
meinen Geschmack
getroffen
und meinen stillen Wunsch
erraten
dieses
und kein andres Stück
hätte ich mir ausgesucht
es ist dem Künstler
außerordentlich
geraten

So
(oder zumindest ähnlich)
hab ich mir
schon oft gedacht
könnt's sein
an einem wunderschönen
Weihnachtsmorgen

Diesmal
war es
wirklich
so
(oder zumindest ähnlich)

Es war
ein wunderschöner
Weihnachtsmorgen

# Herz-Zwei

Ich sollte
aus dem Kartenstapel
eine Karte wählen
das Herz-Ass
stach mir ins Auge
ich wollte
auf die Liebe zählen

Doch dann griff ich
instinktiv
nach der Zwei vom Herz
denn das Ass
ist sehr gefährlich
und bereitet sehr leicht
Schmerz

Das Herz-Ass
kann im Spiel der Spiele
alles andre überstechen
doch im nächsten Augenblick
mutiert's zur Eins
und vieles kann zerbrechen

Hoch zu pokern
in der Liebe
ist mir zu riskant
lieber bleib ich
auf dem sicheren Weg
mit der Herz-Zwei
in meiner Hand

Zwei Herzen
die nicht alles wollen
sich gefunden haben
und sich aneinander binden
sind mir lieber
als ein Über-Herz
das Gefahr läuft
ganz am Schluss
sich einsam und allein
zu finden

Denn in der Liebe
geht es nicht
um den großen
aber kurzen
Augenblick
auf der Siegerbrücke
Liebe braucht
den langen Atem
die kleinen Schritte
auf dem Weg
zum Glücke

# Hausmannskost

Von einer dünnen Suppe
ohne Fleisch
könnt ich in der Liebe
nicht sehr lange leben
ich liebe Hausmannskost
da muss es zwischendurch
was Deftiges
und gerne
immer wieder auch mal
etwas Süßes geben

Gelegentlich
darf es auch
etwas Internationales sein
doch auch dabei
fallen mir
fast nur
fleischliche Gerichte ein

Eine Liebe
ganz ohne Fleisch
das ist vielleicht
etwas für Mönche
und Asketen
doch selbst da
bezweifle ich
dass die nur immer
um die Liebe beten

Ich bin gewiss
kein Vegetarier der Liebe
und möchte mich gern
vielfältig ernähren
das Fleischliche
gehört für mich dazu
zur fleischlosen Liebe
bin ich so leicht
nicht zu bekehren

# Zwischen den Jahren

Ich liebe die Tage
zwischen den Jahren
so stressfrei
ein bisschen wie Urlaub
und doch
meistens zu Haus
draußen ist Winter
doch herinnen ist's
warm und gemütlich
da zieht man sich gerne
auch ein wenig aus

Es ist wohl im Jahr
die entspannteste Zeit
wie gern würde ich
mit dir
zusammen sein
doch du besuchst Freunde
irgendwo im Land
und ich bin mal wieder
mit meiner Sehnsucht
allein

# Feuerwerk

Die Rakete
ist schon aufgerichtet
leg das Feuer an
doch halt sie fest
in deiner Hand
lass alle Vorsicht sausen
sie explodiert
in deiner Hand
genauso schön
wie dieses Feuerwerk
da draußen

# Blue Moon

Ich habe Schlimmes
angestellt
während du auf Reisen warst

ich hab den Mond
blau angemalt
und die Sternschnuppen
nach Größe archiviert
ich hab die Eisblumen
vertrocknen lassen
und den Kaktus
frisch rasiert

ich hab den Wecker
auf halb zwölf gestellt
und um Mitternacht
dein Lieblingslied gegröhlt
ich hab die Seifenblasen
in Seide eingepackt
und die Flöte
dreimal
gründlich eingeölt

Und das alles nur
um nicht
daran zu denken
dass du
nicht bei mir
bist

# Dreimal gefragt

Jetzt hast du mich
zum dritten Mal gefragt
ob ich jene Sache
schon erledigt hätte
und ich musste
wiederum verneinen

An solchen Kleinigkeiten
könnt man's sehen

Und ich bin traurig
wie einst Petrus
als Jesus ihn
zum dritten Mal gefragt
Liebst du mich?

Du weißt
wie armselig
und schwach
ich bin
und dennoch
hoffe ich
weißt es auch du
dass ich
dich
liebe


PS:
Es ist erledigt
du musst mich nicht
zum vierten Mal
noch fragen

# Ich bereue nichts

Was alles
war ich nicht bereit
hinter mir zu lassen
als durch dich
die Welt
der körperlichen Liebe
sich mir
erschlossen hat

Nur mich selbst
habe ich mitgebracht
mit allem wie ich bin
nicht nur als Ideal
und war sodann
wohl selbst
das Hindernis
dass es für uns
das große Los
dann doch nicht war

Doch ich
bereue nichts
und will nicht
undankbar erscheinen
denn vieles war
und ist noch immer
an Schönem mit dabei
so viel Freude
so viel Lust
wenn auch gepaart
mit Unvermögen
Leid
und Frust

Das große Glück
es bleibt ein Traum
und glückt wohl kaum
und ist
nur wenigen gegönnt

So will ich denn
nicht blind sein
für jedes noch so kleine Stück
das mir
von Mal zu Mal
von diesem großen Glück
in den Schoß
gegeben wird

Nein
ich bereue nichts
nur
dass nicht glücklicher
ich dich
Geliebte
machen kann

# Du hast meine Nacht gerettet

Du warst auf Reisen
kommst spät nach Haus
sehnsüchtig erwartet
von deinen zwei Männern

Der kleine freut sich
dass du endlich da bist
und verkrümelt sich
ins Bett
der große hofft
auf etwas mehr

Du erzählst
von deinen Abenteuern
doch plötzlich
bist du weg
sang- und klanglos abgetaucht
ohne Kuss und Abendgruß

Die Tür zu deinem Zimmer
und zu meinem
je einen Spaltbreit offen

Ich tapp ins Dunkel
wag es nicht zu hoffen
Wartest du
vielleicht auf mich?

Dann deine Stimme
aus dem dunklen Flur
Ich bin müde
und muss schlafen
ich komme
morgen früh
zu dir

Dieses Wort
hat meine Nacht gerettet
sonst hätt ich mich wohl wieder
der Verzweiflung übergeben

Erst jetzt verstehe ich
die offne Tür
zu deinem Zimmer
war eine Einladung
auf einen Gutenachtkuss
einzutreten

Beruhigt
und erwartungsfroh
kann ich nun schlafen

Danke
du hast
meine Nacht
gerettet

# Kaugummi

Habe ich dich
heute schon geküsst?
Nicht
dass ich wüsst'
es ging sich morgens
wohl nicht aus
ich musste zeitig
aus dem Haus

So nutz ich jetzt
zur Mittagszeit
ganz schnell mal
die Gelegenheit
und bin gewiss
du wirst mich drum
nicht schelten
in der Liebe
gibt es kein
zu oft
nur leider oftmals
ein
zu selten

Hmm
du schmeckst mir
jummy jummy
du schmeckst nach
…äh?
Kaugummi

Auch nicht schlecht
so nehme ich
den Kaugummigeschmack
mit in den Rest
von diesem Tag

Schenk mir doch öfter
solch erotische Momente
und ich richt
sie dir im Handumdrehen ein
zu 'nem Gedicht

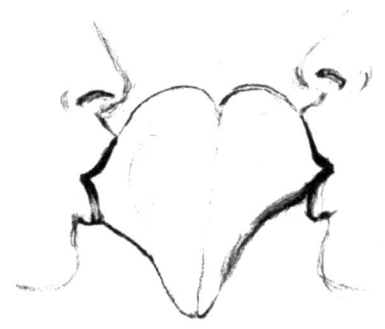

# Na dann, gute Nacht!

Erst spiel ich noch
den Harten
als macht' es
mir nichts aus
dass du jetzt
schlafen gehst
doch kaum
ist deine Tür geschlossen
geht's mir
an die Nieren

Der Gutenachtkuss
brennt auf meinen Lippen
was könnten wir
noch alles
miteinander machen
in dieser Stunde
die noch nicht
so fortgeschritten ist
wenn du
von deinen Freunden kommst
ist es oftmals
sehr viel später

Und plötzlich
hab ich keine Lust mehr
noch irgendwas zu tun
ich kann nicht arbeiten
und will auch
noch nicht schlafen gehen

Stumpfsinnig
verbring ich meine Zeit
bis ich mich endlich aufraff
und in mein Zimmer schleich

Na
also dann
Gute Nacht

## Jenseits der Poesie

Warum
bin ich so sprachlos
jenseits
meiner schillernden Gedichte
warum
stammle ich denn so
wenn ich dann doch noch
ein paar Worte
an dich richte?

Zu vielem
hab ich einfach
wirklich nichts zu sagen
das versteh ich nicht
da hab ich keine Ahnung
da müsst ich
erst wen fragen

Anderes überrascht mich
das hab ich so
noch nie gesehen
da hab ich überhaupt
noch nicht einmal im Traum
daran gedacht
das muss ich
erst mal sitzen lassen
und in mich spüren
was das mit mir macht

Dann wieder
gibt es Dinge
da denke ich
das hätte ich mir so
gar nicht gedacht

aber, ja
es ist ok
und passt zu dir
dann wird's schon stimmen
so, wie du es machst

Bei manchem
bin ich mir nicht sicher
da muss ich
selbst noch überlegen
Tage
Wochen
manchmal Jahre
und auch dann
bin ich mir nicht gewiss
Ist das wirklich jetzt
das Richtige
und Wahre?

Dann gibt es auch
das ein und andere
da muss ich ehrlich sagen
das interessiert mich nicht
das hat nichts mit mir zu tun
da wäre es vermessen
eine eigne Meinung zu verlauten
da solln sich andere
den Kopf zerbrechen
ich lass die Sache
lieber ruhn

Bei manchem
hab ich wirklich Angst
ich könnte dich verletzen
mit meinem
Anders-Denken

und du
könntest mir dann
nicht mehr
unvoreingenommen
deine Liebe schenken

Da müssten wir zuvor
nach Tiefergründigem
erst fragen
ob deine Liebe wirklich
stark genug ist
dass ich anders denke
zu erdulden
und zu tragen

Und für manches
hat tatsächlich
die Alltagssprache
nicht das rechte Wort
da kann ich dann
nur schweigen
oder dichten
da ist dann dieses Buch
für mich
der beste Hort

Es tut mir weh
und ich versteh
dass du darunter leidest
dass grad die Sprache
zwischen unsrer Liebe steht
es ist nicht Bosheit
ich leide selbst
und kann doch
keinen Weg erkennen
wie es dir
vielleicht
ein wenig besser
mit mir geht

Doch was du hier
auf diesen Seiten findest
ist
zumindest Im Moment
in dem ich's schreibe
authentisch
wahr
gefühlt
erlitten
ich kann nicht mehr tun
als um dein Verständnis
dein Vertrauen
und deine Liebe
bitten

# Jahrestag

Heute
ist unser Jahrestag
Schauen wir zurück
oder nach vorne?
Mit Liebe
und mit Dankbarkeit
oder grollend
und im Zorne?

Blicken wir heute
neiderfüllt
auf alles Schöne
das wir
einstens hatten?
Sehen wir vor uns
in der Zukunft
Sonne
oder ahnen wir
nur Schatten?

Heute
ist unser Jahrestag
wir sind noch nicht
am Ziel
viel Schönes
liegt schon
hinter uns
doch vor uns
hoffentlich
genauso viel

Und sind wir
auch schon jenseits
der Halbzeit
in unserem Lebenslauf
dann wiegen wir
den Rest
der fehlt
einfach
mit Qualität
an Liebe
auf

# Ein Jahrestag allein im Bett

Ein Jahrestag allein im Bett
das war immer schon mein Traum

immer wollt ich diesen Morgen
ganz mit mir allein genießen
Löcher in die Wände starren
und mich mit mir selbst begießen

Deinen leeren Polster knutschen
mich nach nichts als Leere sehnen
so hab ich das Glück mir ausgemalt
einen Freudentag mit Tränen

Nein, ich will heut nicht verstehen
dass alles seine guten Gründe hat
heute will ich wütend sein
denn heut ist schließlich Jahrestag


Nachtrag:

Doch das, was du gekocht hast
war wirklich ausgesprochen fein
dafür bin ich auch gern bereit
so manches andre zu verzeihn

# Dealer

Ich hab das Gefühl
wir werden noch
ganz passable
Dealer werden

Wir dealen
mit Texten
die Drogen sind

Ich schicke dir
meine erotischen
und du schickst mir
deine politischen

Ich versprech dir
ich werde sie
alle lesen
wenn du mir versprichst
auch die meinigen
nicht zu verachten

Nur
woher
sollen wir bloß
die Zeit uns nehmen
über all das
was wir hier lesen
auch noch
zu reden?

## ...und schreibe...

Warum
kann ich nicht aufhören
zu schreiben?

Weil
meine Liebe zu dir
tausend
Facetten hat
und täglich
entdecke ich
zumindest
eine neue

Und darum
schreibe ich
und schreibe
und schreibe
und...

Es gibt
kurze Texte
es gibt lange
es gibt zuversichtliche
und bange
lustbetonte
leidensvolle
neckische
und ganz frivole

so
wie meine Liebe zu dir
tausend
Farben hat
und mehr

Und darum
schreibe ich
und schreibe
und schreibe
und…

# Inhalt „Hast du Lust?"

## Über das Buch

Giovanni, mit dem Blut des Südens in seinen Adern, erlebt im kühlen Norden die Freuden und Leiden der Liebe. In einer poetischen Sprache voll Sehnsucht und Erotik, die nie ins Vulgäre abgleitet und streckenweise an mittelalterliche Minnelieder angelehnt ist, fasst er seine Erfahrungen von Lust und Ekstase genauso in Worte und sprachliche Bilder wie enttäuschte Erwartungen, erotische Traumfantasien oder Reflexionen über eine nicht immer einfache Beziehung.

Sehnsuchtsvoll, sinnlich, erotisch, nachdenklich und hinterfragend: aus der Entwicklung einer langjährigen Beziehung gewonnene Erfahrungen – anregend in vielerlei Hinsicht.

*Gedanken und Worte*
*die auf den Lippen zerfließen*
*wie der Tau*
*aus dem Honigmund*
*meiner Süßen*

## Über den Autor

 Giovanni Vandani, Sohn eines Italieners und einer Deutschen, geboren 1964, aufgewachsen in Deutschland und Österreich, lebt mit seiner Frau, mit der er seit fast 30 Jahren verbunden ist, nunmehr ganz in Österreich.

### Bisher erschienen:
Spiele mir auf meiner Flöte (2021)

### In Vorbereitung:
Muscheltaucher (Frühjahr 2022)

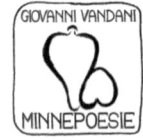  www.giovannivandani.com